Neptuno

J.P. Bloom

Abdo
PLANETAS
Kids

abdopublishing.com

Published by Abdo Kids, a division of ABDO, PO Box 398166, Minneapolis, Minnesota 55439.

Printed in the United States of America, North Mankato, Minnesota.

052016

092016

THIS BOOK CONTAINS
RECYCLED MATERIALS

Spanish Translator: Maria Puchol, Pablo Viedma

Photo Credits: iStock, NASA, Science Source, Shutterstock, Thinkstock

Production Contributors: Teddy Borth, Jennie Forsberg, Grace Hansen

Design Contributors: Laura Rask, Dorothy Toth

Publishers Cataloging-in-Publication Data

Names: Bloom, J.P., author.

Title: Neptuno / by J.P. Bloom.

Other titles: Neptune. Spanish

Description: Minneapolis, MN : Abdo Kids, [2017] | Series: Planetas |
     Includes bibliographical references and index.

Identifiers: LCCN 2016934901 | ISBN 9781680807561 (lib. bdg.) |
     ISBN 9781680808582 (ebook)

Subjects: LCSH: Neptune (Planet)--Juvenile literature. | Solar system--Juvenile
     literature. | Spanish language materials--Juvenile literature.

Classification: DDC 523.48--dc23

LC record available at http://lccn.loc.gov/2016934901

Contenido

Neptuno

Neptuno es un planeta. Los planetas orbitan alrededor de las estrellas. Los planetas de nuestro sistema solar orbitan alrededor del sol.

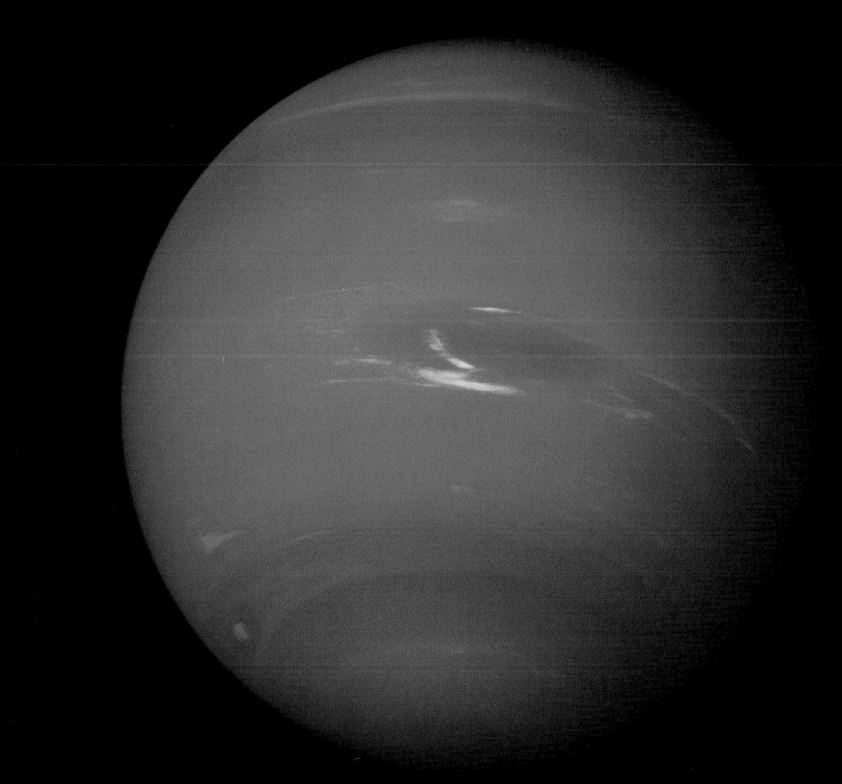

5

Neptuno es el octavo **planeta** más cercano al sol. Está alrededor de 2,800 millones de millas (4,500 millones de km) del sol.

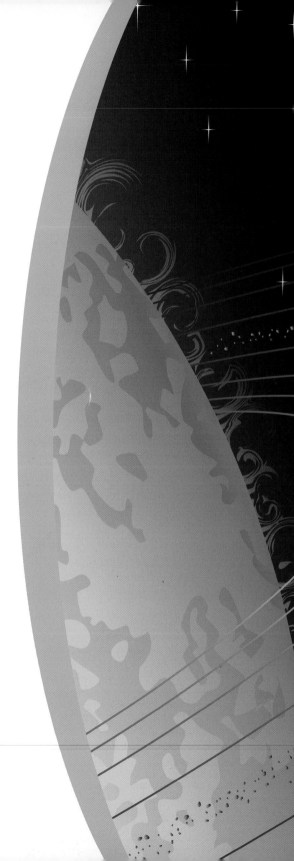

Venus

Marte

Saturno

Neptuno

Urano

Júpiter

La Tierra

Mercurio

7

Neptuno hace una **órbita** completa alrededor del sol cada 165 años. Un año en Neptuno son 165 años en la Tierra.

9

Neptuno rota mientras está en órbita. Una rotación completa tarda alrededor de 16 horas. Un día en Neptuno son 16 horas en la Tierra.

Neptuno
30,598 millas　　(49,243 km)

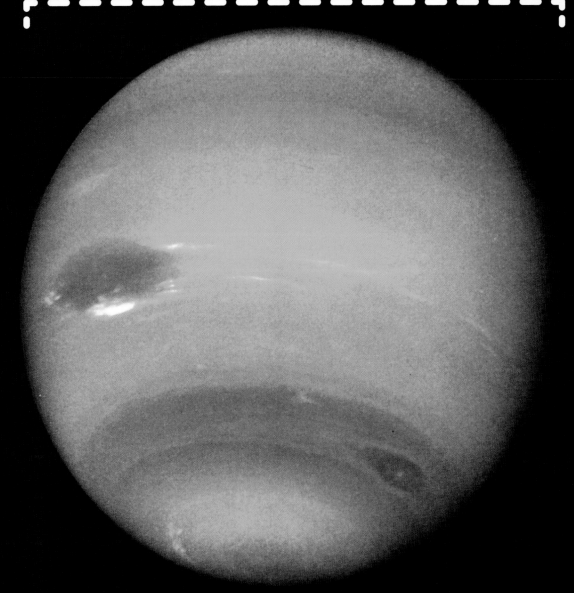

La Tierra
7,918 millas
(12,743 km)

Un planeta frío

Neptuno es uno de los **planetas** más fríos. El promedio de temperatura es de -353°F (-214°C).

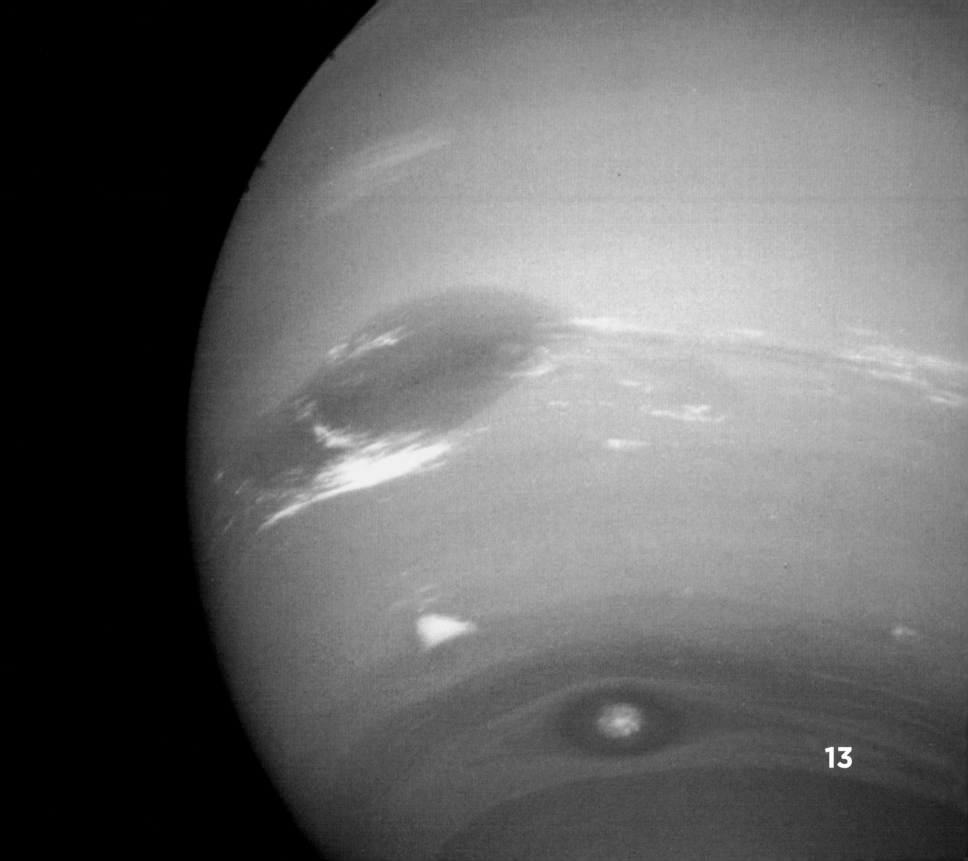

13

Un gigante de gas

Neptuno es un gigante gaseoso. Su aire se compone mayoritariamente de dos gases, hidrógeno y helio.

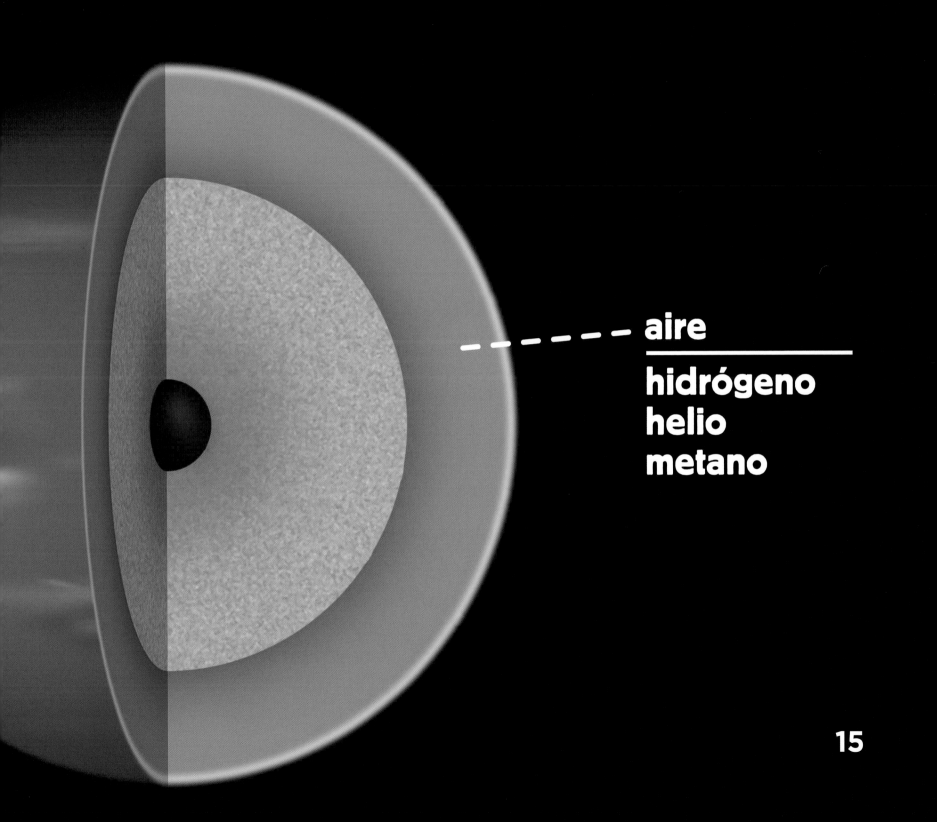

aire
_____

hidrógeno
helio
metano

Un planeta azul

El aire de Neptuno también tiene metano. El metano **absorbe** luz roja. De ahí que Neptuno se vea azul.

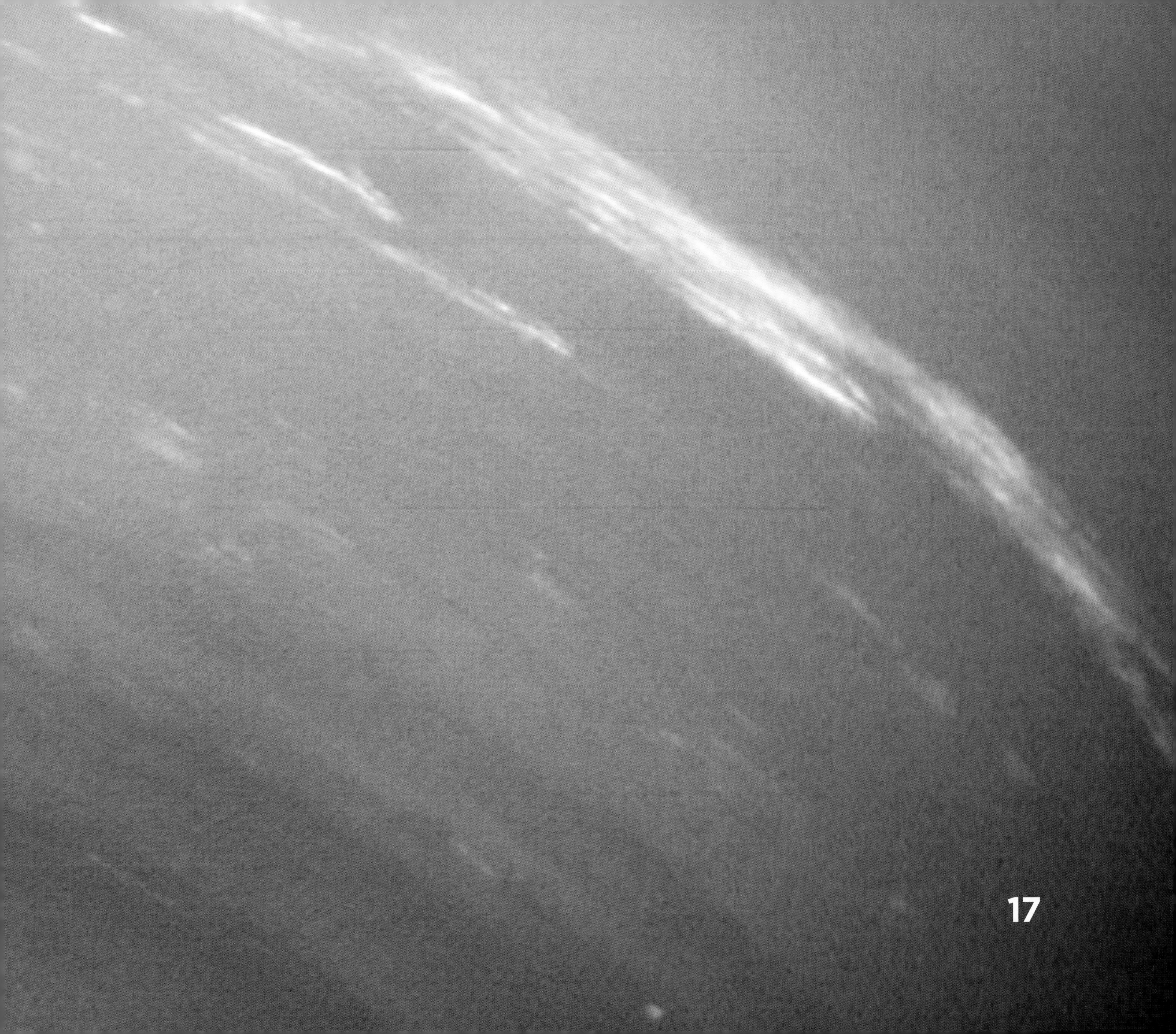

17

Un gigante de hielo

Neptuno también es un gigante helado. Su núcleo y su manto están compuestos de rocas y hielo.

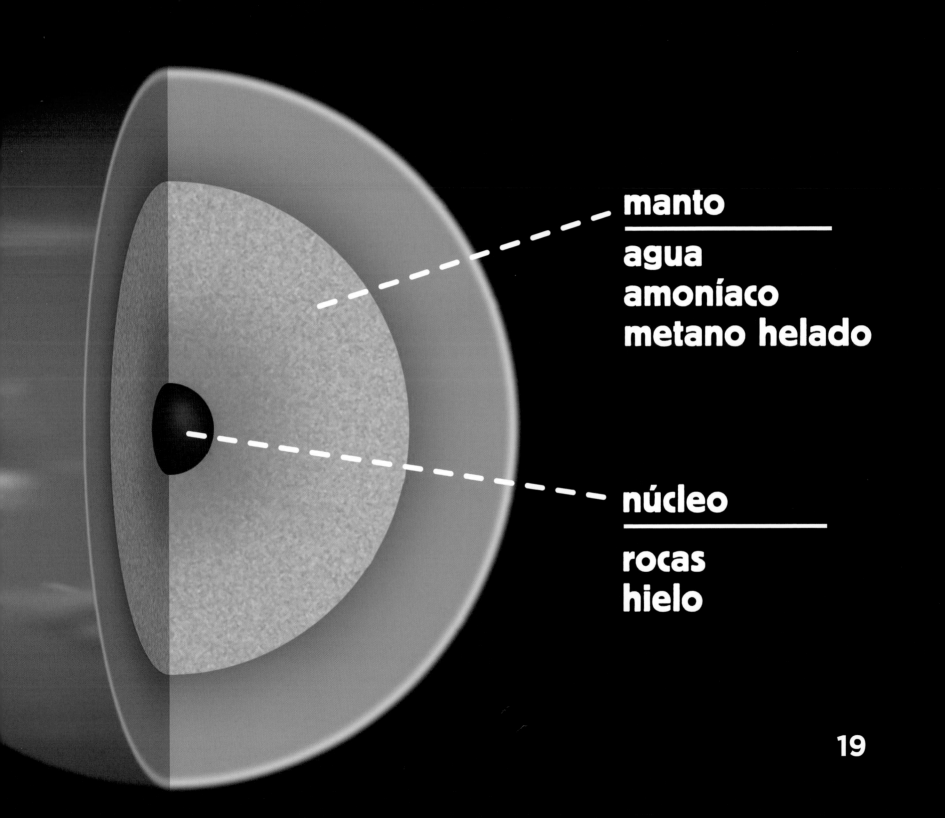

manto

agua
amoníaco
metano helado

núcleo

rocas
hielo

19

Neptuno desde la Tierra

Neptuno es muy difícil de ver.

Se puede ver Neptuno desde

la Tierra con un telescopio.

¡Aunque hay que saber hacia

dónde mirar!

Más datos

- Neptuno es un **planeta** de hielo y de gas. Como el resto de planetas gaseosos, Neptuno tiene vientos y tormentas muy fuertes.

- Neptuno tiene anillos que lo rodean aunque no son fáciles de ver. Los anillos de Neptuno son muy oscuros porque no **reflejan** la luz del sol.

- Con unos **binoculares** no se ve bien Neptuno. El mejor instrumento para verlo es un telescopio.

Glosario

absorber – captar o aspirar.

binoculares – instrumento para ver objetos que están muy lejos con lentes para los dos ojos.

órbita – trayectoria de un objeto espacial que se mueve alrededor de otro objeto espacial. Orbitar es moverse en esa trayectoria.

planeta – objeto espacial grande y redondo (como la Tierra) que gira alrededor de una estrella (como el sol).

reflejar – que puede devolver luz.

Índice

abdokids.com

¡Usa este código para entrar en abdokids.com y tener acceso a juegos, arte, videos y mucho más!

Código Abdo Kids:
PNK7198